LA

FRANCE ET L'ESPAGNE

IMPRIMERIE DE C. L. TROUVÉ

LA
FRANCE ET L'ESPAGNE

EN 1808 ET 1823,

Par M. de B... V.

PARIS,

CHEZ C. J. TROUVÉ, IMPRIMEUR-LIBRAIRE,

RUE NEUVE-SAINT-AUGUSTIN, N° 17.

1823.

FRANCE ET L'ESPAGNE

EN 1808 ET 1823.

----◆----

La mauvaise foi ou l'ignorance seule a pu assimiler la guerre injuste faite par Buonaparte à la nation espagnole, à celle que la France vient d'entreprendre contre les révolutionnaires de cette nation.

La première avoit pour but de détrôner Ferdinand, Roi légitime, et d'imposer à l'Espagne Joseph Buonaparte, qu'elle repoussoit.

La guerre entreprise par le Roi, au contraire, a les motifs les plus louables ; elle doit rendre Ferdinand à la liberté, aider le peuple espagnol à secouer le joug odieux d'une faction qui l'opprime, faire cesser les discordes civiles qu'elle a amenées, et anéantir cet esprit de révolte destructif de toute société.

Les moyens employés par Buonaparte ont été

la perfidie, la violence, l'oubli des traités et la violation de l'hospitalité.

Ceux usités par le gouvernement du Roi sont la loyauté, la franchise, la protection des personnes et le respect des propriétés.

Le peuple espagnol, héroïque surtout quand il combat pour ses Rois, pour le culte de ses pères, s'étoit soulevé spontanément en 1808, en apprenant l'arrestation de son Prince et la violation de son territoire, toute la population armée à la voix de ce Prince et à celle des ministres des autels, repoussa les armées de l'usurpateur.

Aujourd'hui l'Espagne se lève encore, mais c'est pour courir au-devant de nos guerriers et les accueillir comme des libérateurs et des frères.

La conduite de nos armées, la discipline admirable qu'elles observent, et le motif honorable qui les fait agir, leur acquièrent les bénédictions de cette brave et loyale nation.

Si cette guerre fait honneur au Roi, qui l'a ordonnée, et au prince qui la dirige, elle n'est pas moins glorieuse pour nos armées.

On a cherché vainement à établir des rapprochemens entre les deux époques. Pour les détruire, il suffiroit de rappeler la conduite de Buonaparte et de ses armées, envers Ferdinand et la nation espagnole; elle est relatée dans les

Mémoires sur l'Espagne, par un homme qui en fut le témoin, et qui, ayant eu la confiance de Buonaparte, peut en parler avec plus d'exactitude que tout autre ; c'est M. de Pradt, ancien archevêque de Malines. Voici l'extrait de ses Mémoires :

Pag. 46. — « Napoléon, toujours attentif à ca-
» cher le but vers lequel il tendoit, profita de la faci-
» lité que le Traité de Fontainebleau lui donnoit
» pour faire entrer des troupes en Espagne, sous
» l'apparence d'en remplir les conditions (1). »

» On vit toute la route qui conduit à Bordeaux
» et en Espagne, se couvrir de soldats de toute
» arme.

» Napoléon avoit rempli le public de bruits

---

(1) Ce traité avoit eu lieu le 27 octobre 1807. Il étoit le prélude de la grande scène qui devoit s'ouvrir en Espagne. — L'art. 2 assuroit en toute propriété et souveraineté à Emmanuel Godoy, prince de la Paix, la province d'Alentejo et le royaume des Algarves : il étoit nécessairement tout dévoué à Buonaparte, et cependant il avoit été comblé des bontés du Roi.

Simple garde du corps en 1787, il fut nommé exempt dans la même compagnie en 1789, adjudant-général et grand'croix de Charles II, en 1791, lieutenant-général, duc d'Alcudia, chevalier de la Toison-d'Or en 1792, prince de la Paix en 1795, marié en 1797 à Marie-Thérèse de Bourbon, nièce de Charles III ; général en chef en 1801, généralissime de terre et de mer en 1802, amiral d'Espagne et des Indes, avec le titre d'altesse en 1807.

» divers sur la destination de ses armemens ; on
» parloit alors d'une attaque sur Gibraltar, d'un
» établissement en Afrique : en un mot, rien
» n'étoit oublié pour entretenir l'aveuglement
» et le sommeil de la Cour de Madrid.

» Attendant tout de Napoléon, le prince de la
» paix lui livroit tout. Les troupes françaises fu-
» rent reçues en Espagne, avec les égards dus à
» l'alliance la plus étroite. On leur ouvrit les
» portes de Figuières, de Barcelonne, de Saint-
» Sébastien, de Pampelune ; la citadelle de cette
» dernière ville fut surprise au moyen d'un stra-
» tagème.

» L'inquiétude gagnoit la nation espagnole,
» de se trouver sans défense, au milieu d'alliés
» aussi suspects (1).

» Murat, étroitement lié avec le prince de la
» paix, prenoit le commandement de l'armée à
» Madrid.

» Isquierdo, de retour de Paris, transmit au
» prince de la paix une série de propositions
» qui lui avoient été faites de la part de Buona-

---

(1) Buonaparte avoit obtenu que douze mille hommes de
troupes d'élite se rendissent en Allemagne sous les ordres de
la Romana. Le nombre en fut même porté jusqu'à près de vingt
mille.

» parte, et qui étoient autant de leurres, pour en-
» tretenir des illusions dont la fin approchoit. »

Pag 53. — « Après l'abdication de Charles IV,
» le prince des Asturies fut proclamé roi au mi-
» lieu des acclamations d'un peuple qui témoi-
» gnoit l'espoir qu'avec son règne finiroit l'oppro-
» bre et commenceroient la gloire et le bonheur
» de la nation. »

Pag. 56. — « Le départ de Napoléon pour Ma-
» drid étoit annoncé depuis plusieurs semaines. Le
» moment de l'entreprendre dépendoit de la mar-
» che des troupes et des progrès qu'elles feroient
» en Espagne. Ce voyage étoit indiqué sous le
» nom de voyage dans le midi; Napoléon quitta
» Paris le 2 avril 1808. Il me prit (M. de Pradt) à
» sa suite en passant à Poitiers.

» Sur la route, entre Tours et Poitiers, il avoit
» rencontré trois grands d'Espagne, que le nou-
» veau roi lui avoit envoyés; il s'excusa de les en-
» tendre et leur donna rendez-vous à Bayonne,
» où lui-même arriva dans la nuit du 14 au 15 du
» même mois. »

Pag. 69. — « Murat avoit prévenu à Madrid
» l'arrivée du nouveau roi.

» On sent combien la position du prince des
» Asturies étoit difficile, il se trouvoit entre une
» nation qui le reconnoissoit pour son souve-
» rain, et une armée étrangère d'intentions sus-

» pectes. En vain les ministres des autres puis-
» sances l'avoient reconnu ; c'étoit par Napoléon
» qu'il lui importoit de l'être, et l'ambassadeur de
» France, qui avoit montré les plus grands égards
» pour le prince des Asturies, s'abstenoit de le
» reconnoître pour Roi. »

Pag. 70 et 75. — « Le prince des Asturies, pressé
» par toutes les difficultés que nous avons expo-
» sées, résolut enfin de s'avancer au-devant de
» Napoléon, dont Murat alléguoit la prochaine
» arrivée. »

Pag. 78. — « Napoléon avoit d'abord eu le
» projet d'opérer par la force et la persuasion
» réunies en se rendant à Madrid à la tête d'une
» armée ; et comme ce n'étoient pas les expédiens
» qui lui manquoient, il eut le malheur de s'ar-
» rêter à celui de l'enlèvement de la famille
» royale. Il voulut y arriver par les suggestions
» de la confiance qu'il lui inspireroit, et comme
» pouvant le dispenser de l'emploi de la force,
» dont l'application, d'ailleurs, devenoit plus in-
» certaine. Il redoubla donc d'instances pour at-
» tirer la famille royale à Bayonne, espérant en
» finir en un seul coup, quand il l'auroit réu-
» nie sous sa main ; c'est ce qui lui fit envoyer
» le général Savary à Madrid, où il arriva le
» 7 avril.

» Des avis bien faits pour tempérer la con-

» fiance qu'on accordoit au général Savary,
» avoient déjà été donnés au Roi, mais sa mau-
» vaise étoile l'emporta (1), et lui fit résoudre son
» départ qui précéda de quelques jours celui de
» l'infant don Carlos, son frère : il se portoit au-
» devant de Napoléon, toujours annoncé et n'ar-
» rivant jamais. »

Pag. 83.— «Ferdinand quitta Madrid le 10 avril,
» pour se rendre à Burgos, lieu indiqué pour l'en-
» trevue avec Napoléon. Celui-ci ne se trouvant
» pas à ce rendez-vous, l'alarme se répandit dans
» le Conseil du Prince, qui se partagea sur ce qu'il
» y avoit à faire. Cependant on se décida à pousser
» jusqu'à Vittoria, toujours dans l'espoir de ren-
» contrer Napoléon ; on ne l'y trouva pas plus qu'à
» Burgos : les avis les plus alarmans et les plus
» positifs se multiplioient ; d'un autre côté, les
» grands d'Espagne, envoyés pour complimenter
» Napoléon, gens fort peu clairvoyans, comme
» il y parut bientôt, écrivoient de Bayonne
» que Napoléon étoit bien loin d'avoir de mau-
» vaises intentions, et qu'il n'y avoit rien à craindre
» de lui. On décida là comme à Burgos.

____

(1) «Mon père, écrivoit-il à Charles IV, le général Savary
vient de me quitter ; je suis très-satisfait de lui, comme du
bon accord qu'il y a entre l'empereur et moi, et par la *bonne
foi* qu'il m'a témoignée. »

» Le général Savary étoit revenu à Vittoria,
» après quelques jours d'absence; ses instances
» et ses promesses secondèrent si à propos l'er-
» reur du Conseil, que le départ pour Bayonne
» fut résolu.

» Là encore, le peuple se montra supérieur en
» droiture de jugement aux ministres et con-
» seillers dont le prince étoit entouré; il s'op-
» posa à son départ, voulut couper les traits des
» attelages de la voiture du Roi : il fallut faire ap-
» procher des troupes françaises, pour lui ouvrir
» un passage et l'escorter. »

Pag. 88.—— « Enfin, cette arrivée en France,
» objet de tant de vœux et d'intrigues, venoit
» d'avoir lieu; la victime venoit se livrer elle-
» même. Le prince arriva à Bayonne le 20 avril,
» dans la matinée.

» A deux heures, Napoléon accourut à cheval
» dans la maison que le prince occupoit; ils
» s'embrassèrent (1).

» Le peuple présent, en grand nombre, fai-

---

(1) Ces embrassemens faisoient espérer que l'arrestation
du prince n'auroit pas lieu, ainsi qu'on l'avoit annoncé. Les
habitans de la ville de Bayonne, essentiellement commerçans,
avoient le plus grand intérêt à ce que la paix ne fût pas trou-
blée; ils connoissoient trop le caractère des Espagnols pour
n'être pas convaincus que l'arrestation du prince des Asturies
soulèveroit toute l'Espagne.

» soit éclater sa joie par des acclamations et des
» applaudissemens. La cordialité apparente qui
» avoit régné dans cette entrevue, répandit dans
» la Cour du prince une joie et une sécurité des-
» tinées à trop peu durer.

» Vers six heures du soir, les voitures de la
» Cour vinrent prendre le prince, l'infant don
» Carlos avec leur suite, et les conduisirent au
» château de Marac, habité par Napoléon. Na-
» poléon vint avec beaucoup d'empressement et
» de gaieté jusqu'à la portière du carrosse; à la
» descente de la voiture, de nouveaux embrasse-
» mens eurent lieu, et Napoléon conduisit par
» la main son hôte, dans son appartement propre.
» Après le dîner, Napoléon reconduisit de nouveau
» le prince jusqu'à sa voiture. Cette circonstance
» est digne de remarque; car cette attention ou
» affectation à lui rendre un honneur qui n'avoit
» lieu qu'à l'égard des têtes couronnées, impli-
» quoit une reconnoissance du titre de roi. Il
» n'éleva aucune réclamation contre ce titre, qui
» étoit donné au prince par tous les Espagnols,
» pas plus que contre les marques de respect qu'il
» en recevoit, et qui en Espagne ne sont attri-
» buées qu'au Roi seul.

» Ces simulacres n'étoient propres qu'à aggra-
» ver ses torts : à peine le prince étoit-il rentré
» chez lui, que le général Savary vint lui faire

» part des intentions de Napoléon sur la cession
» du trône d'Espagne, et qu'il avoit irrévocable-
» ment résolu de renverser la dynastie des Bour-
» bons, et d'y substituer la sienne, et qu'il exi-
» geoit que, tant en son nom qu'en celui de toute
» sa famille, il renonçât à la couronne d'Espagne
» et des Indes, en faveur de sa dynastie. »

Pag. 101. — « Le Prince fut sourd à ces pro-
» positions. »

Pag. 115. — « Napoléon, désappointé par la
» résistance du Prince, s'étoit retourné d'un autre
» côté; il réclama le prince de la Paix (qui avoit
» été arrêté à la suite de l'affaire d'Aranjuès, lors
» de l'élévation de Ferdinand au trône). La junte
» du Gouvernement eut beau résister, les choses
» en étoient venues au point qu'il n'y eut pas
» moyen de retenir ce précieux captif. Il fallut
» le rendre; il fut sur-le-champ dirigé sur Bayonne,
» avec une escorte française; il y arriva le 26 avril,
» et les vieux souverains le 1er mai.

» On attendoit le reste de la famille qui arriva
» successivement, et bientôt elle se trouva réunie
» tout entière à Bayonne, à l'exception du cardi-
» nal de Bourbon, archevêque de Tolède, qui eut
» le bon esprit de se tenir hors de la portée des
» ravisseurs.

» Le 6 mai, eut lieu la cession du roi Charles
» à Napoléon de tous ses droits sur l'Espagne; le

» prince des Asturies avoit bien rendu la couronne
» à son père; mais il n'avoit pu céder ses droits
» à Napoléon. On revint donc à de nouvelles vio-
» lences, pour forcer ce Prince à suivre l'exemple
» de son père, et à céder comme lui ses droits
» sur l'Espagne. *Prince, lui dit Napoléon, il*
» *faut opter entre la cession ou la mort.* »

Pag. 137. — « Ferdinand préféra la captivité
» plutôt que de renoncer au trône et à la nation
» fidèle qui l'y avoit appelé. »

La famille royale d'Espagne quitta successivement Bayonne pour se rendre à sa destination.
Le roi Charles fut envoyé à Compiègne, où il
fut souvent obligé de vendre de ses bijoux et de
son argenterie pour payer les serviteurs fidèles
qui l'avoient accompagné, et qui partageoient sa
captivité; et le prince des Asturies fut envoyé,
avec le prince Charles son frère, au château de
Valençay, avec une garde de quatre-vingts gen-
darmes, que Buonaparte désignoit ironiquement
sous le nom de *garde d'honneur.*

Il seroit difficile de peindre les sentimens de
désespoir et de rage dont tout le peuple espagnol
fut pénétré, en apprenant l'arrestation de Ferdinand et la violation de son territoire. Aucun peuple n'avoit porté plus loin son admiration pour les
actions militaires de Buonaparte : il y avoit peu
d'habitations où l'on ne trouvât son buste ou son

portrait; la haine la plus implacable succéda bientôt à ce sentiment, et le surpassa même. On courut aux armes; il n'y eut pas un village qui n'eût sa junte, et qui ne délibérât sur les dangers de la patrie, sur le sort de Ferdinand et sur l'outrage fait à la nation.

Les relations cessèrent entièrement entre l'Espagne et la France; un grand nombre de manufacturiers et de négocians furent ruinés par cette cessation subite, par la baisse qu'elle occasiona dans le prix des marchandises et par celle qui survint bientôt dans le change.

Il est bien remarquable qu'à cette époque désastreuse, la plupart des hommes qui crient si fort aujourd'hui à l'aspect des fantômes qu'ils se créent, remplissoiênt des fonctions éminentes, et n'ont pas élevé la voix ; qu'aucune représentation n'a été faite à Buonaparte ; qu'aucune pétition ne lui a été adressée en faveur de tant de commerçans et de manufacturiers dont la ruine étoit certaine : le motif qui fait parler aujourd'hui ces hommes si zélés, est facile à deviner.

La guerre injuste et perfide entreprise par Buonaparte contre la nation espagnole, a produit des crimes inconnus chez les peuples civilisés. La plupart de nos soldats, ignorant les motifs qui l'avoient occasionée, et ne pouvant apprécier le noble sentiment qui donnoit lieu à la résistance héroïque qu'ils éprouvoient, se livrèrent à des

représailles funestes : des Espagnols furent fusil-
lés, parce qu'ils étoient habitans d'une commune
où des Français avoient été assassinés ; des villes
furent dévastées, leurs habitans passés au fil
de l'épée, parce qu'ils restoient fidèles à Ferdinand, et repoussoient l'usurpation.

Les armées de Buonaparte, dignes d'une autre
mission, devoient nécessairement succomber
dans une lutte où elles avoient à combattre la
presque totalité de la nation, à qui elles faisoient supporter tous les fléaux de la guerre.

Les armées du Roi doivent pleinement réussir par des motifs entièrement opposés ; elles
sont appelées par cette majorité, combattent
avec elle, en faveur de la légitimité, ne font
la guerre qu'aux partisans de la révolte : leur
but est de rendre Ferdinand à la liberté,
et de l'aider à procurer à la brave et loyale
nation espagnole, une amélioration dans ses
anciennes institutions, ou à lui donner une
constitution, qui, comme l'a dit M. le vicomte
de Chateaubriand, « lui assure la liberté dans
» la mesure de ses mœurs, la mette également
» à l'abri de l'anarchie et du despotisme, et la
» réconcilie avec l'Europe (1). »
(Chambre des Pairs, séance du 19 mars 1823).

---

(1) La constitution que la France doit aux lumières et à la

Il n'y a donc aucun rapprochement à faire entre les deux époques.

---

sagesse de son Roi , peut offrir des renseignemens utiles à Ferdinand ; car, en toutes choses , c'est à l'expérience qu'il convient d'avoir recours. La situation de la France est tout-à-fait changée depuis la restauration ; la sage liberté dont on y jouit , la tolérance raisonnable qu'on y admet , la fermeté du Gouvernement , sa persévérance dans le même système , l'exacte et prompte exécution des lois , la tranquillité qui en est le résultat nécessaire , ont attiré et fixé un grand nombre d'étrangers qui nous enrichissent de leurs revenus.

L'exactitude avec laquelle le Roi a acquitté les dettes de l'État , celles mêmes que , sans blesser la justice , il auroit pu méconnoître , a procuré à la France un crédit illimité ; ces remboursemens , distribués dans plusieurs classes de la société , ont répandu l'aisance , ranimé le commerce , vivifié l'industrie , augmenté la consommation et , par une suite nécessaire , accru les revenus de l'État.

On ne peut se dissimuler cependant que le remboursement des dettes contractées pendant l'usurpation ne soit d'un exemple funeste ; l'usurpation n'auroit pas réussi si elle n'avoit pas trouvé de prêteurs ; mais ce raisonnement pourroit m'entraîner trop loin. Je reviens à la France.

Sa situation prospère s'est manifestée dans toutes les branches du commerce et de l'industrie , par l'immense quantité de bâtimens qu'on élève de toutes parts , l'augmentation des loyers , le prix élevé des terres et des immeubles , la hausse excessive du prix des charges , l'accroissement des consommations en tous genres ; par celui des revenus de l'État, et par le nombre immense de boutiques et de magasins qui y ont été ouverts : enfin , le taux élevé auquel des étrangers se sont rendus adjudicataires des 23 millions de rentes , atteste de la

Il est nécessaire de rappeler ce qu'étoient les Cortès et la constitution de 1812, et quelle a été l'opposition constante du Roi et du peuple à cette constitution.

Voici ce que Southey, voyageur anglais, a écrit sur les Cortès dans une *Histoire de la Guerre de la Péninsule*, page 34.

« Presque toute l'Espagne étant occupée par
» les troupes de Buonaparte, au moment où les
» Cortès extraordinaires furent convoquées, peu
» de membres furent élus, comme il convenoit
» qu'ils le fussent par les villes et par les pro-
» vinces de l'ancienne Espagne, qu'ils devoient
» représenter. Parmi ceux qui siégèrent comme
» députés des colonies, il y en avoit encore
» moins de choisis par un corps d'électeurs cons-
» titués régulièrement. Il y avoit à cette époque
» à Cadix un grand nombre de personnes que
» les troubles de la guerre avoient chassées des
» provinces ; l'état des affaires y avoit aussi ras-
» semblé beaucoup de négocians de l'Amérique
» du sud, natifs ou non de ce pays ; il ne fut pas
» difficile de trouver des hommes appartenant
» de manière ou d'autre aux différens royaumes,

---

manière la plus éclatante la prospérité de la France et la juste confiance que son Gouvernement inspire.

» cités ou provinces d'Espagne , de l'Ancien ou
» du Nouveau-Monde : on en fit des représen-
» tans ostensibles. »

Ces prétendus représentans étoient donc sans
mission : ils n'étoient donc revètus d'aucun pouvoir, et n'avoient aucun titre pour représenter
la nation espagnole , renverser l'ancienne législa-
lation et faire une constitution , et lors même
qu'ils eussent été légalement assemblés, ils se
trouvoient en nombre insuffisant ; et d'ailleurs ,
les mandats des députés nommés par les provinces , ne contenoient que la faculté de se réu-
nir en Cortès, *pour repousser l'agression inouïe
de Buonaparte, rassembler les moyens de sou-
tenir la guerre , afin de conserver le trône à Ferdinand , jusqu'à ce que ce monarque fût rendu
à ses peuples.*

La constitution démocratique que ces Cortès
ont donnée à leur pays est entièrement en opposition à l'esprit, aux principes , aux mœurs et
aux opinions monarchiques des Espagnols.

En voici les principales dispositions :

Les Cortès ne forment qu'une Chambre.

Tout Espagnol qui n'est ni domestique , ni
banqueroutier, ni poursuivi criminellement , a
le droit d'élire.

Le Roi ne peut provoquer ni dissoudre l'assemblée des Cortès.

Toute alliance offensive, tous subsides, et tous traités de commerce, doivent être ratifiés par les Cortès.

Les Cortès décrètent la création ou la suppression de toutes les places dans les tribunaux, et de tous les emplois publics.

Elles forment et donnent les réglemens pour l'armée, la marine et la milice, et règlent tout ce qui a rapport à la discipline, à l'ordre de l'avancement, à la paye. Elles règlent et fixent la dépense de toutes les administrations publiques.

Les secrétaires d'État et tous les officiers publics, sont personnellement responsables envers les Cortès.

On demande aux Cortès leur approbation pour le plan d'éducation du prince des Asturies et pour son mariage.

Les ministres du Roi ne peuvent siéger aux Cortès, ni assister aux débats.

Le Roi ne peut avoir d'autre conseil que le conseil d'État, ou conseil exécutif ; les ministres n'y peuvent siéger.

Les quarante membres qui le composent sont choisis sur une liste de cent trente noms qui lui sont présentés par les Cortès.

Le Roi ne peut nommer pour les vacances aux bénéfices ecclésiastiques et aux emplois dans la magistrature , que sur la présentation du conseil.

Enfin la députation des Cortès a le droit d'examiner l'incapacité du Roi, et d'appeler les cortès extraordinaires , lorsqu'elle juge le Roi incapable de gouverner.

Ce dernier article dispense d'en dire davantage sur cette production de l'orgueil et de la turpitude.

Ces Cortès rendirent leur fameux décret du 2 février 1814 : « portant qu'aussitôt qu'on seroit » informé de l'arrivée du Roi , le président de la » Régence iroit le recevoir, et que Sa Majesté *se* » *rendroit en droite ligne à Madrid , sans pou-* » *voir faire aucun acte de l'autorité royale* , jus-» qu'à ce qu'elle eût prêté serment à la cons-» titution, qu'à cet effet il lui en seroit remis un » exemplaire. »

Le discours que le président de ces Cortès fut chargé de prononcer au Roi , est aussi remarquable par l'inconvenance de ses expressions et son arrogance , que par les principes démagogiques qui y sont émis. Il renferme tout le système de la faction révolutionnaire; Ferdinand y est traité comme auroit pu l'être un employé salarié. Tous les esprits sages, et l'on pourroit dire l'immense majorité de la nation , blâmèrent

ce discours, ainsi qu'ils avoient blâmé la constitution. En voici le texte :

« Votre déplorable crédulité vous a fait des-
» cendre du trône où vous étiez prématurément
» monté, par la pusillanimité de votre père qui
» avoit perdu la confiance de la nation. Les cir-
» constances de cet événement ont été marquées
» par des scènes scandaleuses, qui ont décon-
» sidéré votre famille. Votre chute a failli en-
» traîner celle de la nation ; elle n'a dû son sa-
» lut qu'à son courage et à sa persévérance ; les
» calamités qu'elle a éprouvées sont inouies, et la
» patrie est encore en deuil des sacrifices qu'elle
» a faits à la cause de son indépendance.

» La nation qui est restée debout au milieu
» de ses ruines, pourroit se donner pour chef,
» celui de ses guerriers qui a le plus vaillamment
» défendu sa liberté, ou celui de ses magistrats
» qui a le plus courageusement défendu ses droits.
» La reconnoissance lui en fait un devoir, et peut-
» être que le desir de sa conservation lui en fait
» un besoin ; cependant, fidèle à ses sermens,
» plus qu'à la voix de son intérêt, elle replace
» sur votre tête cette couronne qui en étoit tom-
» bée, et qu'elle a su reconquérir pour vous et
» sans vous.

» Ne perdez jamais de vue que vous ne devez
» cette couronne qu'à la générosité nationale, et

» que votre vie entière, et celle de vos descendans,
» n'auront jamais assez de durée pour vous ac-
» quitter envers elle.

» La patrie ne met à votre autorité d'autres
» limites que celles qui sont posées dans la Charte
» constitutionnelle, que ses représentans ont
» adoptée. Le jour que vous les franchirez, le
» pacte solennel qu'elle forme aujourd'hui avec
» vous, sera rompu, et vous deviendrez vous-
» même sujet de la loi dont vous vous êtes rendu
» l'organe.

» Régnez, Prince! consolez la patrie des maux
» qu'elle a soufferts pour vous et par vous; il
» n'est encore aucun sacrifice par lequel elle ne
» soit disposée à vous seconder dans cette en-
» treprise.

» Que le Ciel protége et prolonge vos jours
» *autant qu'ils seront consacrés à la prospérité*
» *nationale* (1).

----

(1) On remarque le même système dans le discours que l'alcade de Cadix a prononcé au Roi, à son entrée dans cette ville en juin dernier.

« Cadix, lui dit l'alcade, adresse des prières au Tout-
» Puissant pour que Votre Majesté, *délivrée de ses ennemis,*
» *fasse le bonheur de ses sujets en les gouvernant constitu-*
» *tionnellement et en paix.* »

Aucun vœu, aucune prière n'est adressé au Ciel pour la conservation du Roi et celle de sa famille. La faction ré-

« En traversant son royaume (dit l'auteur déjà
» cité page 70), mille observations graves appe-
» lèrent l'attention du Roi sur le nouveau Code;
» il reconnut que la royauté étoit dépouillée de
» tout pouvoir, et que l'Espagne, au lieu d'être
» une monarchie modérée, comme le disoit la
» nouvelle constitution, étoit plutôt une dé-
» mocratie absolue.

« Des réclamations contre cette constitution
» arrivèrent de tous les points du royaume, et,
» par un décret publié à Valence, le 14 mai 1814,
» le Roi annonça qu'il ne l'accepteroit pas. »
Voulant, dit S. M., *éviter les malheurs que cette
constitution avoit déjà produits et qui ne pourroient qu'augmenter s'il la sanctionnoit par son
serment*, etc. Ferdinand déclara passible de peine
de mort quiconque oseroit, soit par écrit, soit
par paroles, engager qui que ce soit à l'exécution de cette constitution, et, peu après, il
prononça la suppression de la Régence et la dissolution des Cortès, et fit arrêter les plus dangereux de ses membres; le général Eguia, nommé

---

volutionnaire n'accorde d'intérêt au Roi qu'en raison de son
utilité, qu'en proportion des services qu'elle en obtient; elle
ne l'a jamais considéré comme une autorité indépendante;
elle ne se sert de son nom que parce qu'il lui est nécessaire
pour obtenir l'obéissance du peuple.

gouverneur de Madrid, publia la dissolution des Cortès et de la Régence, sans éprouver le moindre obstacle; la constitution fut brûlée par la main du bourreau; trois jours après le Roi fit son entrée à Madrid au milieu des acclamations générales et des plus grandes démonstrations de l'amour que les Espagnols lui portoient. Ils le remercioient ainsi de l'acte d'autorité qu'il venoit de faire.

Le Moniteur du 16 mai 1814, rend compte, dans les termes suivans, de la réception que la ville de Madrid a faite à Ferdinand :

« Le Roi est entré dans la capitale avant-hier, » au milieu des acclamations et des transports » de l'allégresse de son peuple. Depuis la rési- » dence royale d'Aranjuez jusqu'à Madrid, sa » voiture a été traînée par le peuple. Le chemin » étoit couvert de la population de toute la pro- » vince. Sa Majesté a parcouru toute la ville à » pied; l'ivresse du peuple étoit à son comble. » Il semble que tous les maux soient passés. »

Le Moniteur du lendemain offre de nouveaux détails sur la joie à laquelle le peuple espagnol continuoit de se livrer :

« La pierre de la constitution fut renversée » dans les villes et bourgs au cri de *vive le* » *Roi!* — Les principaux chefs des libéraux fu- » rent arrêtés et traduits devant un tribunal à qui

» avoient été remises les pièces du procès, des
» faits et des charges analysés; il demeura cons-
» tant que la constitution faite par les cortès ten-
» doit à l'établissement d'une république, et que
» les cortès avoient visiblement conspiré contre
» le trône. »

Le Roi usa cependant de son droit de faire
grâce, et se contenta d'exiler les principaux me-
neurs. Il est quelquefois dangereux de punir à
demi.

Le parti révolutionnaire, croyant qu'on le
craignoit, recommença à conspirer. Il répandit
des bruits calomnieux contre le Roi, dans l'espé-
rance de le dépopulariser ; et l'année suivante
(1815), le général Porlier, l'un des plus chauds
partisans de la constitution de 1812, leva l'éten-
dard de la révolte en Galice; mais, arrêté par ses
propres soldats, il fut fusillé par le peuple (1).

Quelque temps après, le général Lascy fit une
tentative en Catalogne (2). Il eut le sort de Porlier. En 1819, quinze à vingt libéraux furent arrêtés à Valence, par le brave et infortuné Éliot,
et livrés à la justice.

---

(1) Porlier étoit soldat en 1809, général en 1813, et beau-
frère du comte Torréno, membre des Cortès de Cadix, et de
celles de 1822.

(2) Il avoit pour second le maréchal de camp Milans, employé aujourd'hui en Catalogne, sous les ordres de Mina.

L'insurrection militaire de l'île de Léon, surve-
nue le 1ᵉʳ janvier 1820, quoique mieux conçue et
mieux appuyée, auroit été aussi facilement anéantie, si le Roi n'avoit pas été trompé par les hommes
même qu'il avoit placés près de lui, et en qui il
devoit avoir le plus de confiance. Il avoit voulu
se rendre à son armée d'Andalousie. Dès le mois
de février, sa présence eût infailliblement étouffé
la sédition, mais il en fut empêché par ses ministres, et notamment par le duc de San Fernando,
qu'il avoit comblé de bienfaits (3). Les ministres
opposans furent d'autant plus coupables, que l'o-
pinion publique désapprouvoit hautement cette
révolte dès son origine, ainsi que le constatent les
écrits du temps, et notamment la brochure irrécu-
sable de San Miguel, chef d'état-major de Riégo.

Cette constitution, en faveur de laquelle on
avoit cherché plusieurs fois d'obtenir la sanction
du Roi, n'a été reconnue par Sa Majesté qu'au

---

(3) Le duc de San Fernando n'étoit en 1814 qu'un simple
gentilhomme, sans illustration. Il s'appeloit Melgareco. Il
devint en peu de temps brigadier des armées du Roi, gentilhomme de la Chambre, président du conseil, grand'croix de
l'ordre de Charles III, grand d'Espagne. Il épousa une princesse de Bourbon, sœur de la princesse de la Paix ; mais il
oublia bientôt les bienfaits du Roi et se vanta publiquement
de son ingratitude dans l'article qu'il fit insérer dans le journal
Miscelanea, du 18 avril 1820.

moyen d'un stratagème inventé par Henry O'Donnel, comte de l'Abisbal (1). En voici les détails tels qu'ils sont rapportés dans le *Précis historique de la Rébellion d'Espagne*, pag. 66.

« Riégo, l'un des chefs de la conspiration,
» venoit d'être défait par Joseph O'Donnel. La
» nouvelle n'en étoit pas encore parvenue au Roi,
» lorsque, le 7 mars suivant, environ deux cents
» conjurés, tous militaires déguisés, pénétrèrent
» dans le palais; le général Ballestéros qui,
» l'année précédente étant ministre, avoit rem-
» pli la Garde royale d'hommes dévoués à la
» faction des Cortès, et qui venoit d'être nommé
» commandant de Madrid, étoit dans ce moment
» dans la chambre de Sa Majesté. Il sort, or-
» donne aux gardes du corps *de laisser entrer*
» *ces braves gens qui ne veulent que parler à*
» *Sa Majesté.* Il revient seul, et dit au Roi, Sire,
» tout est perdu. Le peuple soulevé entre ici; la
» troupe est toute gagnée; il n'y a d'autre remède
» que de faire ce que demandent le peuple et la
» troupe. » « Le Roi, indigné, se lève avec préci-
» pitation, et ordonne au duc de l'Infantado de
» se mettre à la tête de la Garde royale. Mais

---

(1) La lettre qu'il écrivoit à Eusebe Lopez Polo, son confi-
dent, après que la constitution fut sanctionnée, et qu'il fit
imprimer et insérer dans les journaux, constate qu'il avoit
sciemment trompé le Roi.

» Ballestéros assure au Roi que tous les Gardes
» sont libéraux (1). Vous n'avez qu'un moment
» pour délibérer, ajoute-t-il, un coup de canon
» sera le signal du carnage. Et, pour que la ré-
» volution fût complète, Ballestéros se plaça lui-
» même à la tête des conspirateurs et du nou-
» veau gouvernement. »

C'est ainsi qu'une poignée de factieux est parvenue à tromper Ferdinand, à s'emparer de l'autorité et successivement de toutes les places (2),
et c'est à cette seule circonstance qu'il faut attribuer la résistance opiniâtre de quelques places
qui tiennent encore, et à celle de plusieurs corps.
Ce qui est encore remarquable dans cette révolution, c'est que les principaux chefs de la conspiration avoient été comblés des faveurs du Roi;
de ce nombre, furent Ballestéros que le Roi
avoit fait ministre de la guerre, et l'Abisbal
que nous venons de citer;

Gaspard Vigolet, fait maréchal de camp en
1813, lieutenant-général en 1814, vice-roi de

---

(1) La journée du 7 juillet a prouvé le contraire.

(2) Les hommes qui contribuèrent le plus à l'insurrection
furent Riégo, auteur de l'infâme chanson *Tragala Perro*,
Quiroga, Aguerra, Lopez Banos (officiers de génie et d'ar-
tillerie.) O'Dally et surtout le fougueux révolutionnaire Ga-
liano : et, au nombre de ceux qui montrèrent le plus d'exaltation dans ce parti, on peut citer Augustin Arguelles, homme
obscur, qui n'étoit que simple employé dans une administra-
tion.

Buénos-Ayres, et grand'croix de l'ordre améri-
cain en 1815, plénipotentiaire pour aller cher-
cher la princesse de Portugal, et grand'croix de
l'ordre de Charles III en 1816, capitaine-géné-
ral de la Nouvelle-Castille en 1817, grand'croix
de Ferdinand en 1818 ;

Évariste-Perez de Castro, qui proclama le
premier la souveraineté du peuple, le 24 sep-
tembre 1810, aux cortès de Cadix, quoiqu'il
vînt de prêter serment à Ferdinand VII ;

Agar, capitaine de vaisseau, à qui le Roi avoit
pardonné la part qu'il avoit prise dans le com-
plot de 1814 ;

Garay, nommé en 1814, conseiller d'État ;
ministre des finances en 1816 ; grand'croix de
l'ordre de Charles III en 1817 ; et qui, depuis,
se déclara contre le Roi.

Mais, s'il est douloureux de voir tant d'ingrats
auprès du trône de Ferdinand, il est consolant
de pouvoir reposer sa pensée sur un grand nombre de sujets fidèles, à la tête desquels il faut
placer le baron d'Éroles, les évèques de Tar-
ragone, d'Orense et d'Osma ; le marquis de Ma-
taflorida, les ducs de San Carlos, de l'Infantado,
Montemar, Calderon ; les généraux, Éguia,
Cisnéros Joseph et Charles O'Donnel, Quésada
et beaucoup d'autres aussi recommandables
qui ont été victimes de leur fidélité, ont pro-

testé dans les fers de leur attachement pour leur souverain, et s'efforcent aujourd'hui de le rendre à la liberté.

Les événemens et la manifestation des sentimens du peuple espagnol, ont prouvé évidemment que la grande majorité de la nation a constamment repoussé la constitution de 1812 et le gouvernement des Cortès; appelé de tous ses vœux le rétablissement de l'ordre des choses pour lequel elle avoit combattu, et que cette révolution n'a jamais été dirigée que dans le seul intérêt d'une faction, qui, dès le principe, pouvoit être facilement anéantie; mais les plus grands événemens ont souvent été produits par les plus petites causes.

« Il n'y avoit pas en Angleterre (dit M. Clausel » de Coussergues dans son dernier ouvrage sur » la révolution d'Espagne) la centième partie des » habitans qui voulût l'assassinat de Charles Iᵉʳ. » Il n'existoit pas en France un homme sur dix » mille qui n'eût horreur du parricide commis » sans obstacle sur la personne de Louis XVI, et » cependant l'un et l'autre assassinats furent com- » mis au milieu des capitales de l'Angleterre et de la » France. Six mille hommes ont suffi à Cromwel » pour dominer le peuple anglais. » J'ajouterai qu'en France, une poignée de brigands qui dominoient la Convention, a terrorifié vingt millions d'habitans, renversé toutes les institutions consacrées par des siècles, couvert le royaume d'échafauds, et mis l'Europe en feu.

Le dernier acte que Ferdinand fit de son autorité, avant de perdre la liberté, prouve encore son opposition à la constitution de 1812; car le même jour, 7 mars, il avoit ordonné au Conseil royal de convoquer les Cortès, suivant l'ancien usage (1).

La *Gazette de Madrid*, de la même date, contient la déclaration de ce prince; elle est conçue en ces termes :

« Mon Conseil royal m'ayant fait connoître » combien la convocation des Cortès seroit con- » venable au bien de la monarchie, en me con- » formant à son avis, puisqu'il est d'accord avec » les lois fondamentales que j'ai jurées, je veux » qu'immédiatement les Cortès soient convo - » quées. »

Mais ces véritables Cortès n'ont pas été réunies. Les Cortès révolutionnaires ont opprimé le Roi et la nation : et leur règne, qui a été une véritable ty-

---

(1) Les anciennes Cortès se formoient de la noblesse , du clergé et des communes ; mais il y avoit une grande inégalité dans la représentation des provinces ; quelques-unes même avoient conservé leurs anciens priviléges , et , notamment la Biscaye , dont le Roi ne prenoit que le titre de seigneur.

rannie , n'a eu pour résultat que des divisions, la cessation du travail, l'interruption du commerce, la disparition du numéraire, un mécontentement général, la guerre civile et la misère.

L'Espagne a bientôt été le refuge des révoltés de tous les pays, le repaire des ennemis de la légitimité; elle est devenue un sujet d'inquiétude pour l'Europe et pour la France, qui en est plus rapprochée qu'aucun autre État.

Notre intervention étoit donc nécessaire pour prévenir le retour des calamités qui ont si long-temps pesé sur nous ; elle étoit commandée par la politique et l'humanité ; elle étoit indispensable pour le rétablissement de l'autorité légitime, la seule desirable, la seule conservatrice : et qui peut douter que la plupart des hommes qui la condamnent aujourd'hui, ne l'eussent approuvée en France, si, à l'époque de la terreur, lorsque les existences et les fortunes étoient également menacées, une puissance amie nous eût prêté son assistance et le secours de ses armées ? Ces mêmes hommes n'auroient-ils pas considéré cette intervention comme un bienfait? Qu'ils soient justes, et ne se laissent pas aveugler par l'esprit de parti.

L'Espagne peut, à l'exemple de la France, réparer en peu d'années les pertes qu'elle a faites et les malheurs qu'elle a éprouvés; elle renferme les élémens de la plus grande postérité, et ses ressources sont immenses. Son sol, l'un des plus fertiles qui existe, « produit avec abondance les plus beaux blés, les vins les plus précieux (1), des olives, du riz, des lins, des chanvres, des soies, des cotons (2), des laines, du safran, des soudes, de la cochenille, etc. » On a essayé avec succès, dans les royaumes de Grenade et de Murcie, la culture des cannes à sucre, du café, de l'indigo, et l'on en auroit obtenu de grands résultats si elle n'eût été prohibée.

Il y a des provinces en Espagne où l'on pourroit obtenir plusieurs récoltes dans la même année; et d'autres qui rendent de quarante à quarante-cinq fois la semence.

L'Espagne contient un grand nombre de mines de fer, de charbon de terre, de plomb, de cuivre, de vif argent, de salpêtre, de sel, de vitriol, d'argent et d'or : ces dernières mines sont fort riches, elles n'ont été fermées que pour favoriser l'exploitation des mines du Mexique et du Pé-

---

(1) Indépendamment des vins de liqueurs, l'Espagne produit d'excellens vins pour l'entremets et l'ordinaire; ceux de la Manche, notamment de Valdepenâs, ne le cèdent pas à nos meilleurs vins du Rhône.

(2) Le coton de Motril a été filé en France à un très-grand degré de finesse.

rou, mais elles pourroient encore être exploitées avec un grand avantage.

L'Espagne renferme aussi des carrières de marbres de toutes couleurs : de jaspe, de porphyre, de cristal, d'émeri et de pierres précieuses; celles de San Isidro, près de Madrid, sont extrêmement dures et brillantes, mais les Espagnols ne savent pas en tirer parti.

L'Espagne possède un grand nombre de belles chutes d'eau propres à former de grands établissemens.

Plusieurs canaux ont été commencés, et pourroient être achevés au moyen de quelques encouragemens, et procurer autant d'avantages qu'on en a obtenu de celui de Tausté, confectionné en Aragon, par l'abbé de Fuentes Pignatelli.

Le comte Paul Olavidé (né au Pérou), ancien intendant de Séville, célèbre par ses lumières et par les persécutions qu'il a essuyées, a prouvé que les parties de l'Espagne les moins peuplées et les plus abandonnées pouvoient être cultivées avec succès.

Une colonie de deux à trois mille Allemands, fixée par lui dans la Sierra Morena (montagne noire), a fait en peu d'années, de ce pays désert, une des contrées les plus productives et les plus agréables ; trois villes y ont été bâties : la Carolina, la Carlota et la Louisiana ; en pénétrant dans cette contrée, on croit se retrouver en France.

Les Espagnols, que généralement on accuse d'indolence et de paresse, sont aussi susceptibles que les autres peuples de se livrer au travail, et de réussir dans toutes les branches d'industrie ; ils ont même un avantage sur nos ouvriers ; étant plus sobres, ils travaillent plus long-temps ; ceux qui étoient prisonniers en France en 1812, ont été employés avec succès dans plusieurs de nos manufactures (1).

Les Espagnols sont essentiellement probes, et mettent une scrupuleuse exactitude dans leurs transactions : c'est ainsi que je les ai connus pendant le cours des relations que j'ai eues avec eux ; je me félicite d'avoir l'occasion de leur rendre justice.

Ils se sont constamment fait remarquer par leur attachement à leur religion, à leurs souverains et à leur pays ; ces qualités sont presque toujours inséparables.

S'ils sont restés en arrière de la civilisation

____

(1) M. Scipion Mourgues en occupa un grand nombre dans sa manufacture de Rouval, près Doullens, département de la Somme ; il étoit également satisfait de leur activité, de leur intelligence et de leur conduite.

européenne, il faut l'attribuer, d'abord, à leur position topographique, qui a rendu peu fréquentes les communications des autres peuples avec eux ; secondement à leur éloignement pour les voyages, troisièmement à la trop grande sévérité du tribunal de l'Inquisition, qui les a tenus dans un assujétissement servile, propre à empêcher les élans du génie qui produisent les grandes choses.

Enfin, à la découverte de l'Amérique qui a enlevé à l'Espagne une grande partie de sa population, et porté un coup funeste à son industrie.

A cette dernière époque, et même encore sous Charles-Quint, l'Espagne étoit dans une situation très-florissante, et possédoit un grand nombre de manufactures.

D'après les états renseignés dans l'ouvrage de don Miguel-Larruga, intitulé : *Memorias politicas y economicas*, imprimé en 1787, on a employé en 1480, dans la seule ville de Tolède, quatre cent cinquante mille pesant de soie; et, dans l'année 1620, on a fabriqué à Ségovie vingt-cinq mille cinq cents pièces de draps. On m'a assuré à Cordoue, qu'il y avoit existé dix à douze mille métiers d'étoffes de soie.

Les plaintes que les corps et métiers de Séville adressèrent au Gouvernement en l'année 1720, constatoient que cette ville avoit eu jusqu'à seize mille métiers, et que cent trente mille personnes avoient été occupées à la fabrication; il n'existe aujourd'hui dans ces deux villes que quelques métiers de velours, de rubans et de galons.

Les Espagnols, séduits par les récits des navigateurs qui avoient visité l'Amérique, ne tardèrent pas à abandonner leur pays pour aller s'y établir; ils espéroient y obtenir en peu de temps une fortune qu'ils ne pouvoient acquérir en Espagne que par un travail de plusieurs années.

L'Amérique engloutit bientôt ses conquérans, et l'Espagne manqua de bras : l'abandon de la plupart des manufactures produisit la misère. Dépeuplée par des émigrations continuelles, l'Espagne tomba dans la dépendance des autres nations, et l'habitude de l'oisiveté, chez un peuple tempérant et sobre, chez lequel les impôts sont presque nuls (1), rendit à peu près sans succès les efforts que fit le Gouvernement, à plusieurs reprises, pour rétablir les diverses branches d'industrie qui avoient fait sa richesse.

L'Espagne, ne pouvant plus suffire aux demandes de ses colonies, devint tributaire de la France, de l'Angleterre et de quelques provinces riveraines du Rhin. Réduite au rôle d'intermé-

---

(1) Si les impôts sont une charge pour le peuple, ils ne sont pas cependant sans avantages pour lui, car ils l'obligent de se livrer au travail.

diaire entre les manufactures étrangères et ses colonies, elle perdit les avantages qu'elle eût pu retirer de ses relations avec celles-ci, si elle en eût rempli les demandes. Sa richesse ne fut plus qu'apparente; la plus grande partie des productions qu'elle recevoit de l'Amérique, l'or, l'argent, la cochenille, l'indigo, le sucre, le coton, le café, ne firent plus que passer chez elle pour aller enrichir les commerçans étrangers ; plusieurs de ses colonies ne tardèrent pas à sentir les avantages qu'elles éprouveroient à se séparer de la mère-patrie, et se rendirent indépendantes. L'Espagne, privée des ressources que ses colonies lui procuroient, contracta des dettes, que l'irruption de Buonaparte et le gouvernement des Cortès ont considérablement augmentées.

Pour pouvoir sortir de l'état d'épuisement où elle se trouve, l'Espagne sera nécessairement forcée d'avoir recours à des ressources extraordinaires.

Il existe en Espagne quatre ordres militaires, fondés au temps des Croisades, pour un but qui ne peut plus être rempli; ce sont les ordres de Santiago, Calatrava, Montesa et Alcantara. Ces ordres ne s'accordent pas seulement, comme autrefois, à des militaires, mais en récompense de services de toute nature , qui seroient également bien reconnus par la seule décoration sans dotation, comme cela a lieu en France pour l'ordre de la Légion-d'Honneur.

L'on convient depuis long-temps, que ces biens sont mal administrés, qu'ils produiroient davantage s'ils étoient rendus à la société.

Il est encore d'autres domaines connus sous le nom de *mémorias* et *cosradius*, dont partie a été vendue en 1802 ; la vente de ce qui reste offriroit les mêmes avantages.

On est fondé à penser que les ordres religieux qui ont donné au Roi et à leur pays, les plus grandes preuves de dévoûment, et fait tant de sacrifices pour la cause sacrée de l'autel et du trône, consentiroient d'en faire de nouveaux, en abandonnant de leurs biens la partie qui ne seroit pas indispensablement nécessaire à l'existence des monastères dont la piété réclame la conservation.

L'aliénation de ces domaines pourroit se faire comme elle a eu lieu en France en 1779 à l'égard des Célestins, en vertu de brefs apostoliques, approuvés par le Roi, et dès lors ils seroient achetés avec confiance.

C'est au moyen de pareilles ressources que l'Espagne pourroit recouvrer son crédit, faire des emprunts, acquitter ses dettes, épargner au peuple de nouveaux impôts ; les établissemens dont ces domaines seroient susceptibles, attireroient les étrangers, leurs capitaux et leur industrie, la population de l'Espagne augmenteroit, ses revenus s'amélioreroient, elle pourroit rétablir son commerce et ses manufactures, anéantir la mendicité (1), et parvenir à recouvrer ses colonies.

Mais il faut que son Roi soit libre, il faut qu'il ait recouvré toute son autorité ; lui seul peut rétablir l'ordre, arrêter les vengeances, et calmer l'exaltation, à laquelle les révolutionnaires ont porté les esprits.

Les institutions, émanées du trône, sont essentiellement conservatrices. Les rois étant inaccessibles à tout intérêt particulier et aux passions qui entraînent, subjuguent ou divisent les autres hommes, c'est à Ferdinand qu'il appartient de donner à ses peuples de nouvelles institutions, ou de leur conserver celles qu'ils possédoient en les améliorant. Ce dernier parti seroit peut-être le plus convenable ; car les anciennes institutions reposent sur le caractère, les mœurs et les habitudes des peuples.

----

(1) Les monastères font continuellement de grandes aumônes, mais ils entretiennent en même temps l'oisiveté. La seule manière de secourir utilement le peuple, c'est de l'occuper et de l'habituer au travail ; il en trouvera bientôt si une partie des monastères est convertie en manufactures et en ateliers.

Au nombre des améliorations les plus ur-
gentes, un changement paroît nécessaire dans le
système des douanes et dans la nature des impôts,
dont quelques-uns datent des XIVe et XVe siècles,
et dans le mode de leur reçouvrement. Celui qui
se perçoit sous le titre de *Rentes provinciales* est
destructif du commerce et de l'industrie (1).

Les améliorations qu'il sera bientôt au pouvoir
du Roi Ferdinand d'obtenir à l'avantage de ses
peuples, il les devra à la salutaire intervention de
son illustre allié; il étoit réservé au Monarque,
dont l'Europe admire la sagesse et les lumières, à
qui la France doit sa prospérité, de rendre Ferdinand à la liberté, et de délivrer la brave et loyale
nation espagnole du joug qui l'opprime.

Si l'intervention de la France, à l'égard de
l'Espagne, étoit un devoir; si elle étoit nécessaire
pour le repos de l'Europe et pour notre propre
conservation, elle l'étoit également pour rétablir
nos relations qui avoient presque entièrement
cessé depuis la révolte de l'île de Léon, par suite

____

(1) Il frappe les denrées de première nécessité, la viande,
le vin, l'huile, le vinaigre, la chandelle; un magasin public
appelé *Abasto*, les renferme; elles s'y vendent pour le compte
du Corps municipal. Les aubergistes n'en font pas provision,
dans l'incertitude de la consommation, et les voyageurs sont
contraints de faire acheter jusqu'au moindre de ces comestibles.

des troubles qui l'ont suivie, par les droits excessifs dont les Cortès ont frappé la plupart de nos productions, et par la prohibition qu'elles ont prononcée contre les autres.

Mais, ce ne sont pas les seuls avantages que notre intervention nous aura procurés. Sans troubler la paix de l'Europe, elle a replacé la France au rang élevé qui lui appartient, et nous lui devons une armée éprouvée, dans laquelle sont venus se confondre toutes les opinions, les anciens et les nouveaux services, l'ancienne et la nouvelle gloire, et pénétrée d'un égal dévoûment au Roi, à la légitimité et au Prince qui la commande.

Enfin, c'est cette généreuse intervention qui a fourni à ce Prince magnanime l'occasion de faire connoître combien ses vertus, son courage et ses hautes qualités, le rendent digne du trône où l'appellent les droits de sa naissance.

D'aussi grands avantages pour la gloire, le bonheur de la France et tant de motifs de sécurité pour l'avenir, ne sauroient être méconnus.

FIN.